W0467566

KAY-HENNER MENGE

Tartelettes

KLEINE KUCHEN
PIKANT & SÜSS

südwest

Inhalt

Kleine Kuchen ganz groß!

Beachten Sie bitte: In den Rezepten wird die Backofentemperatur für Ober- und Unterhitze angegeben. Bei Umluftherden rechnet man eine ca. 10 % niedrigere Temperatur. **Beispiel:** 200 °C Ober-/Unterhitze entsprechen 180 °C Umluft. Bei Gasherden beachten Sie bitte die Herstellerangaben.

Ist der Teig krümelig, können Sie kurz 1 bis 2 Esslöffel kalte Sahne unterarbeiten, das macht ihn geschmeidig.

Tartelettes lassen sich gut vorbereiten und sind ganz schön vielfältig: Sie schmecken als kleine herzhafte Mahlzeit zu Wein und Bier oder krönen als süßer Abschluss ein Menü. Tartelettes schmecken beim Picknick genauso gut wie als Imbiss im Büro. Und für Kleinhaushalte eignet sich das Kleingebäck bestens als Kaffeebegleiter oder Snack am Wochenende.

Die Tarteletteförmchen Die kleinen Formen mit herausnehmbaren Böden sind antihaftbeschichtet. Daher müssen sie vor dem Backen nicht gefettet werden. Wenn Sie die Formen in warmem Spülwasser mit einem weichen Lappen reinigen und sie sorgfältig abtrocknen, sind sie lange gebrauchsfähig. Nach dem Backen lassen Sie die Tartelettes kurz ruhen und stellen sie dann nacheinander z. B. auf eine umgedrehte Espressotasse. Dabei fällt der Förmchenrand nach unten, und Sie können die Tartelettes mithilfe z. B. eines Pfannenwenders auf Teller setzen.

Ideal für Tartelettes – Mürbeteig Die meisten Tartelettes in diesem Buch werden mit herzhaftem oder süßem Mürbeteig gebacken. Dieser Teig gelingt ganz einfach und besteht hauptsächlich aus Mehl und Butter. Herrlich mürbe wird der Teig mit Weizenmehl (Type 550), aber auch mit Dinkelmehl (Type 630) oder Weizen-Vollkornmehl gelingt der Teig bestens. Die Butter sollte direkt aus dem Kühlschrank kommen, bei süßem Teig darf sie zimmerwarm (aber nicht weich) sein. Ein Eigelb macht den Teig gehaltvoller. Achten Sie darauf, den Teig nur so lange zu kneten, bis sich die Zutaten gerade gut verbunden haben.

Am besten rollen Sie den Teig portionsweise zwischen Backpapier und legen ihn locker in die Förmchen. Den Teig ohne Papier vorsichtig andrücken, Ränder mit einem scharfen Messer begradigen (Foto 1).

Damit sich der Teig beim Backen nicht wellt, stechen Sie die Teigböden mithilfe einer Gabel mehrfach ein und lassen ihn 15 Minuten im Kühlschrank entspannen. Zum Blindbacken zerknüllen Sie 4 Stücke Backpapier (ca. 20 x 20 Zentimeter) kräftig und streichen es wieder glatt, so lässt es sich einfacher auf den Teig legen. Nun beschweren Sie den Teig randvoll mit Hülsenfrüchten (z. B. Berglinsen; Foto 2).

Nach dem Blindbacken entfernen Sie Papier und Hülsenfrüchte. Damit der befüllte Teig nicht aufweicht, bestreichen Sie nun die Teigböden bei saftigen Kuchenbelägen mit Eiweiß (Foto 3) und backen ihn weitere 5 Minuten. Mit einer Füllung werden die Tartelettes anschließend fertig gestellt.

Andere Teige Auch mit TK-Blätterteig lassen sich tolle Tartelettes backen. Die aufgetauten Teigquadrate werden ausgerollt, in die Förmchen gelegt und eingestochen. Auch Blätterteig muss sich im Kühlschrank entspannen. Besonders knusprig werden Tartelettes mit Teigblättern aus griechischem Filo-, türkischem Yufka- oder mit Strudelteig aus dem Kühlregal. Die Blätter werden einzeln mit flüssiger Butter bestrichen und in die Förmchen gedrückt. Nicht benutzte Teigblätter immer mit einem feuchten Tuch abdecken, damit sie nicht austrocknen und brüchig werden.

Wenn Sie die Tartelettes abends backen möchten, können Sie den Teig bereits morgens kneten und kalt stellen.

Nach dem Backen können Sie die Hülsenfrüchte zwar nicht mehr kochen, aber zum Blindbacken immer wieder verwenden!

1

2

3

Gemüsetartelettes

Gemüse hat immer Saison und kommt auf den kleinen Kuchen groß raus: Freuen Sie sich im Frühling auf Spargel-Blätterteig-Tartelettes, auf sommerliche Basilikumtartelettes mit Tomaten oder auf Kürbis-Crème-brûlée-Tartelettes im Herbst. Und lange Winterabende werden genüsslich-gemütlich durch Porreetartelettes mit Ziegenkäse.

Basilikumtartelettes mit Kirschtomaten

Für 4 Tartelettes

Teig

140 g Mehl (Type 550)
1 Messerspitze Backpulver
20 g Parmesan, frisch gerieben
Salz, Zucker
80 g kalte Butter, in Würfeln
1 Ei (Kl. M), getrennt

Füllung

20 g Pinienkerne
2 große Bund Basilikum (50 g Blättchen)
1 kleines Bund Petersilie
1 Knoblauchzehe
5–6 EL natives Olivenöl
Salz, Pfeffer
1 Ei + 1 Eigelb (Kl. M)
100 g Sahne
2 EL weißer Aceto balsamico
200 g Kirschtomaten

Außerdem

Backpapier und Hülsenfrüchte zum Blindbacken

Zubereitungszeit: ca. 1 Std. 15 Min. (plus Kühlzeiten)

ZUBEREITUNG

1 Mehl, Backpulver, Parmesan, 1/2 Teelöffel Salz und 1 Prise Zucker mischen. Butter zwischen den Händen mit dem Mehl verreiben. Eigelb kurz unterkneten. Teig flachgedrückt in Folie gewickelt 1 Stunde kalt stellen.

2 Pinienkerne in einer Pfanne ohne Fett goldbraun rösten, Pfanne dabei gelegentlich rütteln. Basilikum- und Petersilienblättchen abzupfen. Knoblauch abziehen und hacken. Pinienkerne, Basilikum, Petersilie, Knoblauch und 3 bis 4 Esslöffel Öl mit einem Schneidstab fein pürieren, salzen und pfeffern. Beiseitestellen.

3 Teig in 4 Portionen teilen, ausrollen, in die Formen geben und kalt stellen (siehe Seiten 4/5). Teig im 200 °C heißen Ofen auf dem Rost in der untersten Schiene 15 Minuten blindbacken. Papier entfernen. Teig mit verquirltem Eiweiß bestreichen und weitere 5 Minuten backen.

4 Ei, Eigelb und Sahne verquirlen, salzen und pfeffern. Basilikumpaste auf die Tartelettеböden streichen. Sahnemischung vorsichtig darauf gießen. Tartelettes in der mittleren Schiene in ca. 20 Minuten goldbraun backen.

5 Inzwischen Aceto balsamico, Salz und Pfeffer verrühren, 2 Esslöffel Öl unterschlagen. Tomaten vierteln und untermischen. Tartelettes auf einem Rost ca. 10 Minuten abkühlen lassen. Tomaten darauf anrichten.

Das Foto zu diesem Rezept finden Sie auf Seite 6 unten.

Zwiebel-Paprika-Tartelettes mit Korianderdip

Zubereitung

Mehl, Polenta, Backpulver, Cayennepfeffer, 1/2 Teelöffel Salz und 1 Prise Zucker mischen. Butter zwischen den Händen mit dem Mehl verreiben. Eigelb kurz unterkneten. Teig flachgedrückt in Folie gewickelt 1 Stunde kalt stellen.

Zwiebeln und Knoblauch abziehen. Zwiebeln in 1/2 Zentimeter dünne Ringe schneiden, Knoblauch fein hacken. Paprika putzen, entkernen und vierteln. Viertel quer in 1/2 Zentimeter breite Streifen schneiden. Pfefferschote in feine Ringe schneiden. Zwiebeln, Paprika, Pfefferschote und Knoblauch im heißen Öl bei mittlerer Hitze 15 Minuten offen dünsten. Mit Salz, Pfeffer und Kreuzkümmel würzen, in der Pfanne beiseitestellen.

Teig in 4 Portionen teilen, ausrollen, in die Formen geben und kalt stellen (siehe Seiten 4/5). Teig im 200 °C heißen Ofen auf dem Rost in der untersten Schiene 15 Minuten blindbacken. Papier entfernen. Teig mit verquirltem Eiweiß bestreichen und weitere 5 Minuten backen. Ei, Eigelb und 150 Gramm Sauerrahm verrühren. Mit dem Zwiebelgemüse mischen. Auf die Tartelettes verteilen und in der mittleren Schiene weitere 20 bis 25 Minuten goldbraun backen.

150 Gramm Sauerrahm mit Limettenschale, Salz, 1 Prise Zucker und Limettensaft glatt rühren. Korianderblättchen fein hacken und unterrühren. Den Dip zu den Tartelettes servieren.

Das Foto zu diesem Rezept finden Sie auf Seite 6 oben.

Für 4 Tartelettes

Teig

120 g Mehl (Type 550)
40 g feiner Maisgrieß (Polenta)
1 Messerspitze Backpulver
1/2 TL Cayennepfeffer
Salz, Zucker
80 g kalte Butter, in Würfeln
1 Ei (Kl. M), getrennt

Füllung und Dip

300 g Zwiebeln
1 Knoblauchzehe
1 rote Paprikaschote (150 g)
1 rote Pfefferschote
2 EL Öl, Salz, Pfeffer
1 TL gemahlener Kreuzkümmel
1 Ei + 1 Eigelb (Kl. M)
300 g Sauerrahm
1 TL fein abgeriebene Biolimettenschale, Zucker
1–2 EL Limettensaft
1 kleines Bund Koriandergrün

Außerdem

Backpapier und Hülsenfrüchte zum Blindbacken

Zubereitungszeit: ca. 1 Std. 15 Min. (plus Kühlzeiten)

Spargel-Blätterteig-Tartelettes mit Ziegenkäse

Für 4 Tartelettes

Tartelettes
4 quadratische Scheiben TK-Blätterteig à 50 g

Füllung
8 Stangen grüner Spargel (300 g)
Salz
150 g Mascarpone
2 Eier (Kl. M)
Pfeffer
2 kleine Ziegenfrischkäse à 40 g (z.B. Picandou)

Kräutersalat
2 EL weißer Aceto balsamico
Salz, Pfeffer
4 EL natives Rapsöl
1 Bund Kerbel
1 Bund Schnittlauch
1 Beet Gartenkresse

Außerdem
Mehl zum Bearbeiten
Backpapier und Hülsenfrüchte zum Blindbacken

Zubereitungszeit: ca. 1 Std. (plus Kühlzeit)

Zubereitung

1 Teig nebeneinander liegend auftauen lassen. Inzwischen die Spargelköpfe ca. 8 Zentimeter lang abschneiden. Enden der verbliebenen Spargelstangen abschneiden, Stangenstücke in 3 Teile schneiden und in kochendem Salzwasser 6 Minuten blanchieren. Stangenstücke mit Kopf nach 2 Minuten zugeben. Spargel kalt abschrecken und gut abtropfen lassen.

2 Teig auf der bemehlten Arbeitsfläche je etwas größer ausrollen (ca. 16 x 16 Zentimeter) und so in die Förmchen geben, dass die Ränder 1/2 Zentimeter überstehen. Teigböden mehrfach einstechen. Förmchen 15 Minuten kalt stellen.

3 Teig im 220 °C heißen Ofen auf dem Rost in der untersten Schiene 15 Minuten blindbacken.

4 Spargelköpfe beiseitelegen. Übrige Spargelstücke, Mascarpone und Eier mit einem Schneidstab fein pürieren, salzen und pfeffern. Papier und Hülsenfrüchte von den Tartelettes entfernen. Die Spargel-Mascarpone-Mischung auf die Tartelettes verteilen. Je 2 Spargelköpfe auf 1 Tartelette geben, Ziegenfrischkäse darüber krümeln. Bei 200 °C weitere 18 bis 20 Minuten backen.

5 Inzwischen Aceto balsamico, Salz und Pfeffer verrühren. Öl unterschlagen. Kerbelblättchen abzupfen, Schnittlauch in Röllchen schneiden, Kresse vom Beet schneiden. Kräuter und Vinaigrette mischen und auf den etwas abgekühlten Tartelettes anrichten.

Kürbis-Crème-brûlée-Tartelettes mit gebratenen Pilzen

Zubereitung

Kürbiskerne im Blitzhacker fein zerkleinern. Mit Mehl, Backpulver, 1/2 Teelöffel Salz und 1 Prise Zucker mischen. Butter zwischen den Händen mit dem Mehl verreiben. Eigelb kurz unterkneten. Teig flachgedrückt in Folie gewickelt 1 Stunde kalt stellen.

Kürbis waschen und entkernen, 200 Gramm Fruchtfleisch würfeln, in einer ofenfesten Form mit Butter und Piment mischen, salzen, mit Alufolie verschließen. Im 200 °C heißen Ofen (Umluft nicht empfehlenswert) auf dem Rost in der mittleren Schiene 40 Minuten weich garen.

Teig in 4 Portionen teilen, ausrollen, in die Formen geben und kalt stellen (siehe Seiten 4/5). Teig im 200 °C heißen Ofen auf dem Rost in der untersten Schiene 15 Minuten blindbacken. Papier entfernen. Teig mit verquirltem Eiweiß bestreichen und weitere 5 Minuten backen. Inzwischen Kürbis und entstandenen Saft mit Sahne, Ei, Eigelb und etwas Salz im Mixer fein pürieren. Kürbismasse in die Tartelettes füllen und bei 180 °C in der mittleren Schiene weitere 15 bis 20 Minuten backen, dann auf einem Rost 2 Stunden abkühlen lassen, aber nicht kalt stellen.

Pilze putzen und eventuell klein schneiden. Petersilienblättchen hacken. Pilze im heißen Öl bei starker Hitze 4 bis 5 Minuten braten. Mit Salz, Pfeffer und eventuell Kürbiskernöl würzen, Petersilie untermischen. Vor dem Servieren die Kürbiscreme mit je 1 Teelöffel braunem Zucker bestreuen. Sofort goldbraun karamellisieren (siehe Tipp Seite 49) und mit den Pilzen anrichten.

Für 4 Tartelettes

Teig
40 g Kürbiskerne
140 g Mehl (Type 550)
1 Messerspitze Backpulver
Salz, Zucker
80 g kalte Butter, in Würfeln
1 Ei (Kl. M), getrennt

Füllung
300 g Hokkaido-Kürbis
1 EL weiche Butter
1/2 TL gemahlener Piment
Salz
120 g Sahne
1 Ei + 1 Eigelb (Kl. M)

Pilze
200 g Pfifferlinge
1 kleines Bund krause Petersilie
2 EL Öl, Salz, Pfeffer
Pfeffer
1 EL Kürbiskernöl (nach Belieben)
4 TL brauner Zucker

Außerdem
Backpapier und Hülsenfrüchte zum Blindbacken

Zubereitungszeit: ca. 1 Std. 30 Min. (plus Kühlzeiten)

Kichererbsenküchlein mit Spinatsalat

Für 4 Küchlein

Küchlein

2 Gläser Kichererbsen (à 215 g Abtropfgewicht)
2 Eier (Kl. M)
Salz
je 1 TL Kreuzkümmel- und Koriandersaat
1 Knoblauchzehe
1/2 Bund glatte Petersilie
1/2 Bund Koriandergrün
125 g Sahne
Cayennepfeffer
150 g Halloumi (zypriotischer Grillkäse)

Salat

100 g junger Blattspinat
8 Radieschen
60 g schwarze Oliven (mit Kern)
2 EL Grenadine (Granatapfelsirup)
2–3 EL Zitronensaft
Salz, Pfeffer
4 EL Olivenöl

Außerdem

Backpapier

Zubereitungszeit: ca. 1 Std.

Zubereitung

1 Kichererbsen in einem Sieb abspülen und abtropfen lassen. Aus Backpapier 4 runde Stücke schneiden (Durchmesser 18 Zentimeter), zerknüllen, glätten und die Tarteletteförmchen damit auslegen.

2 1 Ei trennen. Eiweiß mit 1 Prise Salz steif schlagen und kalt stellen. Kreuzkümmel und Koriander im Mörser fein zerstoßen. Knoblauch abziehen und hacken. Petersilien- und Korianderblättchen fein hacken. 300 Gramm Kichererbsen, Knoblauch, Sahne, Ei und Eigelb mit einem Schneidstab pürieren. Kreuzkümmel, Koriandersaat und je etwas Salz und Cayennepfeffer, Petersilie und Koriandergrün untermischen. Eischnee unterheben. Halloumi in kleine Würfel schneiden. Kichererbsenmasse auf die Förmchen verteilen, mit den restlichen Kichererbsen und Halloumi bestreuen. Im 200 °C heißen Ofen auf dem Rost in der mittleren Schiene 30 Minuten backen.

3 Spinat verlesen, waschen und trockenschleudern. Radieschen putzen und in dünne Scheiben schneiden. Olivenfruchtfleisch vom Kern schneiden. Grenadine mit Zitronensaft, Salz und Pfeffer verrühren, Öl unterschlagen. Spinat, Radieschen, Oliven und Vinaigrette mischen, mit den Küchlein anrichten.

Tipp Die Küchlein eignen sich gut fürs Picknick. Salat und Vinaigrette für den Transport bitte getrennt voneinander verpacken.

Möhrencremetartelettes mit Zuckerschotensalat

Zubereitung

Mehl, Backpulver, 1/2 Teelöffel Salz und 1 Prise Zucker mischen. Butter zwischen den Händen mit dem Mehl verreiben. Eigelb kurz unterkneten. Teig flachgedrückt in Folie gewickelt 1 Stunde kalt stellen.

Möhren schälen und raspeln. Mit dem Möhrensaft aufkochen, offen bei mittlerer Hitze in ca. 25 Minuten die Flüssigkeit verdampfen lassen.

Teig in 4 Portionen teilen, ausrollen, in die Formen geben und kalt stellen (siehe Seiten 4/5). Teig im 200 °C heißen Ofen auf dem Rost in der untersten Schiene 15 Minuten blindbacken. Papier entfernen. Teig mit verquirltem Eiweiß bestreichen und weitere 5 Minuten backen.

Möhren im Mixer fein pürieren, 120 Gramm Crème fraîche zugeben und kurz unterpürieren. Ei und Eigelb unterrühren, mit Salz und Cayennepfeffer würzen. Möhrenmasse in die Tartelettes füllen. Bei 180 °C in der mittleren Schiene weitere 15 bis 20 Minuten backen. Auf einem Rost abkühlen lassen.

Inzwischen die Zuckerschoten putzen und schräg in 1/2 Zentimeter dicke Streifen schneiden. Mit den Erbsen in kochendes Salzwasser geben und 2 Minuten sprudelnd kochen lassen. Abgießen, abschrecken und gut abtropfen lassen. Aceto balsamico, Salz und Pfeffer verrühren, Öl unterschlagen, 30 Gramm Crème fraîche untermischen. Minzblättchen grob hacken und untermischen. Dressing mit Zuckerschoten und Erbsen mischen. Salat auf den Tartelettes anrichten.

Für 4 Tartelettes

Teig

160 g Mehl (Type 550)
1 Messerspitze Backpulver
Salz, Zucker
90 g kalte Joghurtbutter, in Würfeln
1 Ei (Kl. M), getrennt

Füllung und Salat

250 g Möhren
1/4 l Möhrensaft
150 g Crème fraîche
1 Ei + 1 Eigelb (Kl. M)
Salz, Cayennepfeffer
200 g Zuckerschoten
100 g TK-Erbsen
3 EL weißer Aceto balsamico
Pfeffer
3–4 EL natives Rapsöl
3–4 Zweige Pfefferminze

Außerdem

Backpapier und Hülsenfrüchte zum Blindbacken

Zubereitungszeit: ca. 1 Std. (plus Kühlzeiten)

Artischocken-Pilz-Tartelettes mit Käse

Für 4 Tartelettes

3 große Artischocken
3 EL Zitronensaft
200 g Champignons
1/2 Bund Thymian
2 Schalotten
2–3 Knoblauchzehen
2 EL Olivenöl
100 ml Weißwein
40 g Butter
4 Blätter Filo- oder Yufkateig (je 31 x 30 cm; siehe Seite 5)
1/2 Bund glatte Petersilie
Salz, Pfeffer
120 g Sahne
1 Ei + 1 Eigelb (Kl. M)
40 g Grana Padano (italienischer Hartkäse), frisch gerieben

Zubereitungszeit: ca. 1 Std. 30 Min.

ZUBEREITUNG

1 Artischockenstiele über einer Tischkante ausbrechen, sodass sich die Fasern aus den Böden lösen. Alle starken Blätter abbrechen. Verbliebene Blätter so abschneiden, dass das Heu frei liegt. Alles Grüne und die harten Blätter von der Unterseite des Bodens abschneiden und mit Zitronensaft abreiben, damit sie nicht braun werden. Heu mit einem scharfkantigen Löffel entfernen. Artischockenböden in Zitronenwasser legen.

2 Pilze putzen und vierteln. Thymianblättchen grob hacken. Schalotten und Knoblauch abziehen und fein hacken. Artischocken in je 8 bis 12 Spalten schneiden. Schalotten, Artischocken und Pilze im heißen Öl bei mittlerer Hitze 5 Minuten braten. Mit Knoblauch und Wein zugedeckt aufkochen und bei geringer Hitze 15 Minuten dünsten, beiseitestellen.

3 Butter zerlassen. Teigblätter einzeln dünn mit Butter bestreichen und aufeinanderlegen. Blattstapel längs und quer halbieren, sodass 4 Quadrate entstehen. Mit der gebutterten Seite nach oben in die Formen drücken, Ecken und Rand dabei überstehen lassen.

4 Petersilienblättchen hacken, unter die Artischocken mischen, salzen und pfeffern. Sahne, Ei, Eigelb und Käse verquirlen. Mit den Artischocken mischen und auf die Tartelettes verteilen. Im 180 °C heißen Ofen auf dem Rost in der untersten Schiene 25 Minuten goldbraun backen.

Tipp Wenn Sie diese Tartelettes transportieren möchten, klappen Sie vor dem Backen den überstehenden Teig locker auf die Füllung.

Möhrentartelettes mit Kerbel

Für 4 Tartelettes

Teig
160 g Dinkelmehl (Type 630)
1 Messerspitze Backpulver
Salz, Zucker
80 g kalte Butter, in Würfeln
1 Ei (Kl. M), getrennt

Füllung
400 g Möhren
2 Frühlingszwiebeln
20 g Pinienkerne
2 EL Öl
1 Ei + 1 Eigelb (Kl. M)
150 g Sauerrahm
1/2 Bund Kerbel
Salz, Pfeffer

Außerdem
Backpapier und Hülsenfrüchte zum Blindbacken

Zubereitungszeit: ca. 1 Std. (plus Kühlzeiten)

ZUBEREITUNG

1. Mehl, Backpulver, 1/2 Teelöffel Salz und 1 Prise Zucker mischen. Butterwürfel zwischen den Händen mit dem Mehl verreiben. Eigelb kurz unterkneten. Teig flachgedrückt in Folie gewickelt 1 Stunde kalt stellen.

2. Teig in 4 Portionen teilen, ausrollen, in die Formen geben und kalt stellen (siehe Seiten 4/5). Teig im 200 °C heißen Ofen auf dem Rost in der untersten Schiene 15 Minuten blindbacken. Papier entfernen. Teig mit verquirltem Eiweiß bestreichen und weitere 5 Minuten backen.

3. Möhren schälen, eventuell längs halbieren und schräg in 1/2 Zentimeter dicke Scheiben schneiden. Frühlingszwiebeln putzen, das Weiße und Hellgrüne in feine Ringe schneiden. Pinienkerne in einer Pfanne ohne Fett goldbraun rösten, Pfanne dabei gelegentlich rütteln. Pinienkerne herausnehmen. Öl in die Pfanne geben, Möhren und Frühlingszwiebeln darin bei mittlerer Hitze unter Rühren 5 Minuten braten.

4. Ei, Eigelb und Sauerrahm verrühren. Kerbelblättchen abzupfen, ein paar Blättchen beiseitelegen. Kerbel hacken und unter die Eiersahne rühren, kräftig salzen und pfeffern. Die Hälfte der Pinienkerne hacken. Mit dem Möhrengemüse mischen und auf die Tartelettes verteilen. In der mittleren Schiene weitere 20 Minuten goldbraun backen. Vor dem Servieren 10 Minuten abkühlen lassen und mit den restlichen Pinienkernen und Kerbel garnieren.

Das Foto zu diesem Rezept finden Sie auf dem Cover links.

Porreetartelettes mit Ziegenkäse und Dill

Zubereitung

Mehl, Polenta, Backpulver, 1/2 Teelöffel Salz und 1 Prise Zucker mischen. Butter zwischen den Händen mit der Mehlmischung verreiben. Eigelb kurz unterkneten. Teig flachgedrückt in Folie gewickelt 1 Stunde kalt stellen.

Porree putzen und waschen. Hellgrünen und weißen Teil in 1 Zentimeter dicke Halbringe schneiden. Öl in einer großen beschichteten Pfanne erhitzen. Porree darin bei mittlerer Hitze 5 Minuten unter Rühren braten, ohne dass der Porree Farbe nimmt. Mit Muskatblüte, Salz und Pfeffer kräftig würzen. In der Pfanne beiseitestellen.

Ei, Eigelb und Crème fraîche verrühren. Ziegengouda raspeln, Dillspitzen abzupfen und hacken. Beides unter die Eiermischung rühren. Porree untermischen.

Teig in 4 Portionen teilen, ausrollen, in die Formen geben und kalt stellen (siehe Seiten 4/5). Teig im 200 °C heißen Ofen auf dem Rost in der untersten Schiene 15 Minuten blindbacken. Papier entfernen. Teig mit verquirltem Eiweiß bestreichen und weitere 5 Minuten backen.

Porreemischung auf die Tartelettes verteilen. In der mittleren Schiene weitere 20 Minuten goldbraun backen. Vor dem Servieren 10 Minuten abkühlen lassen. Nach Belieben mit Preiselbeerkompott anrichten.

Für 4 Tartelettes

Teig

120 g Mehl (Type 550)
40 g feiner Maisgrieß (Polenta)
1 Messerspitze Backpulver
Salz, Zucker
80 g kalte Butter, in Würfeln
1 Ei (Kl. M), getrennt

Füllung

600 g Porree
2 EL Öl
1/4 TL gemahlene Muskatblüte
Salz, Pfeffer
1 Ei + 1 Eigelb (Kl. M)
150 g Crème fraîche
80 g Ziegengouda
1/2 Bund Dill
4 EL Preiselbeerkompott (Glas, nach Belieben)

Außerdem

Backpapier und Hülsenfrüchte zum Blindbacken

Zubereitungszeit: ca. 1 Std. (plus Kühlzeiten)

Tartelettes mit Fleisch & Fisch

Tartelettes passen zu vielen Gelegenheiten und sind ganz leicht herzustellen: Backen Sie fürs nächste Picknick knusprige Hackfleisch-tartelettes aus Filoteig oder verwöhnen Sie Ihre Gäste mit zarten Mürbeteigtartelettes mit Leberparfait. Die Avocadotartelettes kommen sogar ganz ohne Backofen aus – lassen Sie sich einfach überraschen!

Tartelettes mit Lachs und Mangosalsa

Für 4 Tartelettes

Teig

160 g Dinkelmehl (Type 630)
1 Messerspitze Backpulver
Salz, Zucker
80 g kalte Butter, in Würfeln
1 Ei (Kl. M), getrennt

Füllung und Salsa

je 1 TL gemahlener Kreuzkümmel und Koriander
je 1/2 TL getrockneter Oregano und gemahlener Piment
1 TL rosenscharfes Paprikapulver
2 Lachsfilets (à 160 g, ohne Haut)
1 reife Mango, 1 Minigurke
1 kleine rote Zwiebel
1–2 rote Chilischoten
Zucker, Salz
1 EL Limettensaft
1 Bund Koriandergrün
2 EL Öl
200 g Crème fraîche

Außerdem

Backpapier und Hülsenfrüchte zum Blindbacken

Zubereitungszeit: ca. 1 Std. 15 Min. (plus Kühlzeiten)

Zubereitung

1 Mehl, Backpulver, 1/2 Teelöffel Salz und 1 Prise Zucker mischen. Butter zwischen den Händen mit dem Mehl verreiben. Eigelb kurz unterkneten. Teig flachgedrückt in Folie gewickelt 1 Stunde kalt stellen.

2 Kreuzkümmel, Koriander, Oregano, Piment und Paprikapulver mischen. Auf einen Teller geben. Lachs trockentupfen, Filets in 2 Teile schneiden, in der Gewürzmischung wenden und abgedeckt kalt stellen.

3 Mango schälen, Fruchtfleisch vom Stein schneiden. Gurke streifig schälen, längs vierteln und entkernen. Zwiebel abziehen. Mango, Gurke und Zwiebel klein würfeln. Chili längs halbieren, entkernen, fein hacken. Alles mit 1 Teelöffel Zucker, etwas Salz und Limettensaft mischen. Korianderblättchen grob hacken und unterheben. Salsa kalt stellen.

4 Teig in 4 Portionen teilen, ausrollen, in die Formen geben und kalt stellen (siehe Seiten 4/5). Teig im 200 °C heißen Ofen auf dem Rost in der untersten Schiene 15 Minuten blindbacken. Papier entfernen. Teig mit verquirltem Eiweiß bestreichen und weitere 5 Minuten backen.

5 Lachs bei mittlerer Hitze im heißen Öl auf jeder Seite 2 Minuten braten. Crème fraîche auf die Tartelettes verteilen. Lachs mit 2 Gabeln grob zerpflücken und mit je 1 bis 2 Esslöffeln Salsa auf den Tartelettes anrichten. Restliche Salsa dazu servieren.

Das Foto zu diesem Rezept finden Sie auf Seite 22 rechts.

Knusprige Hackfleisch-Spinat-Tartelettes

Zubereitung

Spinat verlesen, waschen und trockenschleudern. Kreuzkümmel im Mörser fein zerstoßen. Abgezogene Zwiebel fein würfeln, abgezogenen Knoblauch fein hacken. Öl in einer großen Pfanne erhitzen, Zwiebel darin glasig braten. Hack zugeben und krümelig braten. Knoblauch zugeben und kurz mitbraten. Mit Salz, Kreuzkümmel und Pul Biber würzen. Spinat unterheben und zusammenfallen lassen. In der Pfanne beiseitestellen.

Butter zerlassen. Teigblätter einzeln dünn mit Butter bestreichen. Blätter längs und quer halbieren, sodass je 4 Quadrate entstehen. 4 Quadrate jeweils mit der gebutterten Seite nach oben sternförmig übereinander legen und in die Förmchen drücken, Ecken und Rand dabei überstehen lassen. Hack-Spinat-Mischung auf die Tartelettes verteilen.

Sahne, Milch, Ei und Eigelb verquirlen. Eiersahne auf die Tartelettes verteilen, Feta darüber krümeln. Im 180 °C heißen Ofen auf dem Rost in der untersten Schiene 30 Minuten goldbraun backen. Minzblättchen abzupfen und fein hacken. Mit Joghurt und 1 Prise Salz glatt rühren. Tartelettes kurz abkühlen lassen und mit dem Joghurt servieren.

Wenn Sie diese Tartelettes transportieren möchten, klappen Sie vor dem Backen den überstehenden Teig locker auf die Füllung.

Das Foto zu diesem Rezept finden Sie auf Seite 22 links.

Für 4 Tartelettes

200 g junger Blattspinat (oder TK-Blattspinat)
1 TL Kreuzkümmelsaat
1 Zwiebel
1 Knoblauchzehe
2 EL Olivenöl
250 g Rinderhack (oder Lammhack)
Salz
1/2–1 TL Pul Biber (aus dem türkischen Laden; alternativ: Chiliflocken)
40 g Butter
4 Blätter Filo- oder Yufkateig (je 31 x 30 cm; siehe Seite 5)
100 g Sahne
5 EL Milch
1 Ei + 1 Eigelb (Kl. M)
80 g Feta
5 Zweige Pfefferminze
200 g griechischer Sahnejoghurt

Zubereitungszeit: ca. 1 Std.

Tartelettes mit Hähnchenleber-Parfait

Für 4 Tartelettes

Teig
1/2 Bund Thymian
160 g Mehl (Type 550)
1 Messerspitze Backpulver
Salz, Zucker
80 g kalte Butter, in Würfeln
1 Ei (Kl. M), getrennt

Füllung und Salat
1 Schalotte
1 kleine Knoblauchzehe
150 g Hähnchenleber
1 Ei (Kl. M)
125 g Crème double
2 EL Cassislikör
Salz, Pfeffer
4 Feigen
30 g Walnusskerne
100 g Babyleaf-Salatmischung
2 EL Aceto balsamico
4 EL Walnussöl

Außerdem
Backpapier und Hülsenfrüchte zum Blindbacken

Zubereitungszeit: ca. 1 Std. 15 Min. (plus Kühlzeiten)

Zubereitung

1 Thymianblättchen abzupfen und grob hacken. Hälfte vom Thymian, Mehl, Backpulver, 1/2 Teelöffel Salz und 1 Prise Zucker mischen. Butterwürfel zwischen den Händen mit dem Mehl verreiben. Eigelb kurz unterkneten. Teig flachgedrückt in Folie gewickelt 1 Stunde kalt stellen.

2 Schalotte und Knoblauch abziehen und würfeln. Leber eventuell von Sehnen befreien und grob zerschneiden. Leber, Ei, Crème double, Cassis, Schalotte, Knoblauch und Thymian fein pürieren, kräftig salzen und pfeffern. Masse durch ein feines Sieb streichen und kalt stellen.

3 Teig in 4 Portionen teilen, ausrollen, in die Formen geben und kalt stellen (siehe Seiten 4/5). Teig im 200 °C heißen Ofen auf dem Rost in der untersten Schiene 15 Minuten blindbacken. Papier entfernen. Teig mit verquirltem Eiweiß bestreichen und weitere 5 Minuten backen.

4 Ofenhitze auf 120 °C reduzieren. Lebermasse in die Tartelettes füllen und auf dem Rost in der mittleren Schiene weitere 20 Minuten backen. Tartelettes auf einem Rost abkühlen lassen.

5 Feigen waschen, nach Belieben schälen und in Spalten schneiden. Walnusskerne hacken. Salat verlesen, waschen und trockenschleudern. Aceto balsamico, Salz und Pfeffer verrühren, Öl unterschlagen. Mit Salat und Walnüssen mischen. Tartelettes mit Feigenspalten garnieren und mit dem Salat anrichten.

Tartelettes mit Brätfüllung und Fenchelsalat

Für 4 Tartelettes

Teig
160 g Mehl (Type 550)
1 Messerspitze Backpulver
Salz, Zucker
80 g kalte Butter, in Würfeln
1 Ei (Kl. M), getrennt

Füllung und Salat
2 rote Zwiebeln
1 EL Öl
10 Salbeiblätter
2 Scheiben Toastbrot (60 g)
3 grobe rohe Bratwürste (à 125 g)
1 Ei (Kl. M)
Pfeffer, 4 TL flüssiger Honig
1 EL Sesamsaat
400 g Fenchelknollen mit Grün
1 Möhre (100 g)
Salz, Zucker
80 g Dijonsenfcreme
1 EL Zitronensaft

Außerdem
Backpapier und Hülsenfrüchte zum Blindbacken

Zubereitungszeit: ca. 1 Std. 20 Min. (plus Kühlzeiten)

ZUBEREITUNG

Mehl, Backpulver, 1/2 Teelöffel Salz und 1 Prise Zucker mischen. Butter zwischen den Händen mit dem Mehl verreiben. Eigelb kurz unterkneten. Teig flachgedrückt in Folie gewickelt 1 Stunde kalt stellen.

1 abgezogene Zwiebel fein würfeln und im heißen Öl bei mittlerer Hitze glasig braten. Salbeiblätter quer in feine Streifen schneiden, zur Zwiebel geben und kurz mitbraten. Beiseitestellen. Toast im Blitzhacker fein zerkleinern. Brät aus den Würsten in eine Schüssel drücken. Toastbrösel, Ei und Zwiebel-Salbei zugeben, kräftig pfeffern und mit den Händen verkneten. Abgedeckt beiseitestellen.

Teig in 4 Portionen teilen, ausrollen, in die Formen geben und kalt stellen (siehe Seiten 4/5). Teig im 200 °C heißen Ofen auf dem Rost in der untersten Schiene 15 Minuten blindbacken. Papier entfernen. Teig mit verquirltem Eiweiß bestreichen und weitere 5 Minuten backen.

Papier und Hülsenfrüchte entfernen. Brätmasse zu 4 Küchlein formen und in die Tartelettes drücken. In der mittleren Schiene weitere 20 Minuten backen. Tartelettes mit Honig bestreichen, Sesam darauf streuen und weitere 10 Minuten goldbraun backen.

Inzwischen Fenchel putzen, in dünne Scheiben hobeln. Möhre schälen, raspeln. 1 Zwiebel abziehen, fein würfeln. Fenchel, Möhre und Zwiebel mit Salz, Pfeffer und 1 Teelöffel Zucker mischen, 3 Minuten kräftig durchkneten. Senfcreme und Zitronensaft verrühren, untermischen.

Fencheltartelettes mit Pancetta

Für 4 Tartelettes

Teig

160 g Mehl (Type 550)
1 Messerspitze Backpulver
Salz, Zucker
80 g kalte Butter, in Würfeln
1 Ei (Kl. M), getrennt

Füllung

200 g dicke TK-Bohnen
2 Fenchelknollen (à 200 g)
80 g Pancetta (italienischer luftgetrockneter Speck), in 1/2 cm dicken Scheiben
2 EL Öl
Pfeffer
150 g Sauerrahm
2 Eier (Kl. M)
40 g Grana Padano (italienischer Hartkäse), frisch gerieben

Außerdem

Backpapier und Hülsenfrüchte zum Blindbacken

Zubereitungszeit: ca. 1 Std. 15 Min. (plus Kühlzeiten)

Zubereitung

Mehl, Backpulver, 1/2 Teelöffel Salz und 1 Prise Zucker mischen. Butter zwischen den Händen mit dem Mehl verreiben. Eigelb kurz unterkneten. Teig flachgedrückt in Folie gewickelt 30 Minuten kalt stellen.

Bohnen in kochendem Wasser 1 Minute blanchieren, abschrecken. Bohnenkerne aus den Häuten lösen. Fenchel putzen, zartes Grün beiseitelegen. Fenchel längs halbieren, Strunk kegelförmig herausschneiden. Fenchel quer in dünne Scheiben hobeln. Pancetta fein würfeln.

Teig in 4 Portionen teilen, ausrollen, in die Formen geben und kalt stellen (siehe Seiten 4/5). Teig im 200 °C heißen Ofen auf dem Rost in der untersten Schiene 15 Minuten blindbacken. Papier entfernen. Teig mit verquirltem Eiweiß bestreichen und weitere 5 Minuten backen.

Inzwischen das Öl in einer Pfanne erhitzen, Pancetta darin bei mittlerer Hitze unter Rühren 3 Minuten braten. Fenchel zugeben und 10 bis 12 Minuten braten. Bohnenkerne untermischen und pfeffern. Fenchel beiseitestellen.

Fenchelgrün hacken, mit Sauerrahm, Eiern und Käse verquirlen. Mit der Fenchelmischung vermengen und auf die Tartelettes verteilen. In der mittleren Schiene 20 bis 25 Minuten goldbraun backen. Vor dem Servieren 10 Minuten abkühlen lassen.

Steak-Pies mit Brunnenkressesalat

Zubereitung

Mehl, 1/2 Teelöffel Salz, Schmalz, Öl und Milch erst mit den Knethaken des Handrührgeräts, dann mit den Händen zu einem glatten Teig verkneten. In Folie gewickelt beiseitelegen, nicht kalt stellen.

Abgezogene Zwiebel würfeln, Fleisch 1 Zentimeter groß würfeln. Petersilienwurzel und Kartoffeln schälen und in dünne Scheiben hobeln. Mit Fleisch, Zwiebel, Kräutern, Piment und Worcestershiresauce mischen, salzen und pfeffern.

300 Gramm Pieteig in 4 Teile teilen, auf der leicht bemehlten Arbeitsfläche jeweils rund (Durchmesser 17 Zentimeter) ausrollen und in die Förmchen geben, Rand dabei überstehen lassen. Fleischmischung auf die Formen verteilen. Restlichen Teig in 4 Teilen jeweils rund (Durchmesser 12 Zentimeter) ausrollen. Auf die Füllung legen. Ränder zusammendrücken.

Eigelb und 1 Esslöffel Wasser mischen, Teigdeckel damit bestreichen. Mit einer Küchenschere ein 2 Zentimeter großes Kreuz mittig in die Deckel schneiden, Ecken aufklappen, auf den Teig drücken. Pies im 200 °C heißen Ofen (Umluft nicht empfehlenswert) auf dem Rost in der mittleren Schiene 20 Minuten backen. Bei 180 °C weitere 30 Minuten backen.

Inzwischen Brunnenkresse und Salat putzen, waschen, trockenschleudern und zerzupfen. Sahne, Essig, Meerrettich, 1 Prise Zucker, Salz und Pfeffer verrühren. Pies bei leicht geöffneter Ofentür 10 Minuten ruhen lassen. Salat und Sauce mischen, mit den Pies anrichten.

Für 4 Pies

Teig
250 g Mehl (Type 550)
Salz
25 g Schmalz
5 EL Öl
1/8 l Milch
1 Eigelb (Kl. M)

Füllung
1 Zwiebel
300 g Hüftsteak
100 g Petersilienwurzel
130 g Kartoffeln
1 TL getrockneter Majoran
1/2 TL getrockneter Thymian
1/2 TL gemahlener Piment
1 EL Worcestershiresauce
Salz, Pfeffer

Salat
1/2 Bund Brunnenkresse (ca. 150 g)
1/2 Endiviensalat (ca. 180 g)
125 g Sahne
1–2 EL Weißweinessig
2 TL Meerrettich, frisch gerieben
Zucker, Salz, Pfeffer

Zubereitungszeit: ca. 1 Std. 45 Min.

Ratatouille-Tartelettes mit Lamm und Rosmarinsabayon

Für 4 Tartelettes

Tartelettes

2 Zwiebeln (100 g)
1 gelbe Paprikaschote (160 g)
1 kleine Zucchini (130 g)
1 kleine Aubergine (160 g)
2 TL getrocknete Kräuter der Provence
Salz, Pfeffer
5 EL Olivenöl
3 mittelgroße Tomaten
40 g Butter
4 Blätter Filo- oder Yufkateig (je 31 x 30 cm; siehe Seite 5)
300 g Lammrückenfilet

Sabayon

2 Knoblauchzehen
1 Zweig Rosmarin
125 g Sahne
100 ml Gemüsebrühe
3 Eigelbe (Kl. M)
1 EL weißer Aceto balsamico
Salz, Pfeffer

Außerdem

Mehl zum Bearbeiten

Zubereitungszeit: ca. 1 Std. 20 Min.

Zubereitung

1 Zwiebeln abziehen und sechsteln. Paprika putzen, entkernen und achteln. Achtel quer halbieren. Zucchini putzen und in 1 Zentimeter dicke Scheiben schneiden. Aubergine putzen, längs vierteln und in 2 Zentimeter große Stücke schneiden. Gemüse mit Kräutern der Provence, Salz, Pfeffer und 4 Esslöffeln Öl auf einem Blech mischen und ausbreiten. Gemüse im 200 °C heißen Ofen (Umluft nicht empfehlenswert) in der mittleren Schiene 20 Minuten braten, dabei einmal wenden.

2 Inzwischen die Tomaten sechsteln und entkernen. Gemüse mit den Tomaten mischen und beiseitestellen. Butter zerlassen. Teigblätter nacheinander damit dünn bestreichen und aufeinander legen. Blattstapel längs und quer halbieren, sodass 4 Quadrate entstehen. Mit der gebutterten Seite nach oben in die Förmchen drücken, Ecken und Rand dabei überstehen lassen. Gemüse darauf verteilen und bei 180 °C auf dem Rost in der untersten Schiene 25 Minuten backen.

3 In der Zwischenzeit Knoblauch abziehen und hacken. Mit Rosmarin, Sahne und Brühe aufkochen und bei starker Hitze auf 100 Milliliter reduzieren, beiseitestellen. Fleisch salzen und pfeffern. In 1 Esslöffel heißem Öl auf jeder Seite 3 bis 4 Minuten braten. In Alufolie gewickelt ruhen lassen. Sahne durch ein Sieb in eine Metallschüssel geben. Mit den Eigelben über einem heißen (nicht kochenden!) Wasserbad mit den Quirlen des Handrührers dicklich cremig aufschlagen. Mit Aceto balsamico, Salz und Pfeffer abschmecken. Tartelettes mit in Scheiben geschnittenem Fleisch und Sabayon anrichten.

Avocadotartelettes mit Chorizo-Garnelen

Für 4 Tartelettes

Teig
150 g Tacochips
1 TL Koriandersaat
50 g zimmerwarme Butter

Füllung
2 reife Avocados
1–2 EL Limettensaft
150 g Doppelrahmfrischkäse
1/2 TL Biolimettenschale
Salz
Cayennepfeffer

Garnelen
40 g Chorizo (spanische Paprikawurst)
4 Frühlingszwiebeln
1 rote Chilischote
200 g Tomaten
2 EL Öl
12 TK-Garnelen (roh, geschält)
1/2 Bund glatte Petersilie
Salz

Zubereitungszeit: ca. 40 Min. (plus Kühlzeiten)

Zubereitung

Chips im Blitzhacker fein zerkleinern. Koriander im Mörser fein zerstoßen. Butter und Koriander mit den Quirlen des Handrührers schaumig rühren, Tacobrösel untermischen. In die Förmchen drücken, dabei einen Rand formen und andrücken. Förmchen kalt stellen.

Avocados halbieren, entkernen und das Fruchtfleisch mit einem großen Löffel aus der Schale heben. Avocado mit Limettensaft pürieren, Frischkäse und Limettenschale unterrühren. Mit Salz und Cayennepfeffer würzen. Masse auf den Tartelettes verstreichen. Förmchen mit Frischhaltefolie abgedeckt mindestens 1 Stunde kalt stellen.

Chorizo in sehr kleine Würfel schneiden. Frühlingszwiebeln putzen, weißen und hellgrünen Teil in feine Ringe schneiden. Chilischote längs halbieren, entkernen und fein hacken. Tomaten quer halbieren und entkernen. Fruchtfleisch in 1 Zentimeter breite Streifen schneiden.

Öl in einer Pfanne erhitzen, Chorizo darin bei mittlerer Hitze 2 bis 3 Minuten knusprig braten. Aufgetaute Garnelen trockentupfen. Frühlingszwiebeln und Chili zugeben und alles weitere 3 bis 4 Minuten braten. Inzwischen die Petersilienblättchen abzupfen und grob hacken. Chorizo-Garnelen salzen, Petersilie und Tomaten untermischen. Auf den Tartelettes anrichten.

Garnelentartelettes mit Gurken-Möhren-Salat

Für 4 Tartelettes

Teig
160 g Mehl (Type 550)
1 Messerspitze Backpulver
Salz, Zucker
80 g kalte Butter, in Würfeln
1 Ei (Kl. M), getrennt

Füllung und Salat
1 Bund Frühlingszwiebeln
1 Knoblauchzehe
1 rote Pfefferschote
5 EL natives Rapsöl
12 TK-Garnelen (roh, geschält)
Salz
1 Ei + 1 Eigelb (Kl. M)
150 g Sahne
2 TL abgeriebene Biolimettenschale
Pfeffer
1/2 Bund Koriandergrün
200 g Möhren, 1 Minigurke
2 EL Limettensaft, Zucker
4 Zweige Pfefferminze

Außerdem
Backpapier und Hülsenfrüchte zum Blindbacken

Zubereitungszeit: ca. 1 Std. 15 Min. (plus Kühlzeiten)

ZUBEREITUNG

Mehl, Backpulver, 1/2 Teelöffel Salz und 1 Prise Zucker mischen. Butter zwischen den Händen mit dem Mehl verreiben. Eigelb kurz unterkneten. Teig flachgedrückt in Folie gewickelt 1 Stunde kalt stellen.

Frühlingszwiebeln putzen, weißen und hellgrünen Teil in feine Ringe schneiden. Abgezogenen Knoblauch fein hacken. Pfefferschote längs halbieren, entkernen und fein hacken. Frühlingszwiebeln und Pfefferschote in 2 Esslöffeln heißem Öl bei mittlerer Hitze unter Rühren 2 Minuten braten. Aufgetaute Garnelen und Knoblauch zugeben und weitere 3 Minuten braten, salzen, beiseitestellen.

Teig in 4 Portionen teilen, ausrollen, in die Formen geben und kalt stellen (siehe Seiten 4/5). Teig im 200 °C heißen Ofen auf dem Rost in der untersten Schiene 15 Minuten blindbacken. Papier entfernen. Teig mit verquirltem Eiweiß bestreichen und weitere 5 Minuten backen.

Ei, Eigelb, Sahne und Limettenschale verrühren, kräftig salzen und pfeffern. Korianderblättchen hacken. Mit den Garnelen mischen und auf die Tartelettes verteilen, Eiersahne darüber geben und weitere 15 bis 20 Minuten backen.

Inzwischen die Möhren schälen, Gurke streifig schälen. Beides auf einem Gemüsehobel in Streifen hobeln. Limettensaft, 1 Prise Zucker, Salz und Pfeffer verrühren, restliches Öl unterschlagen und mit den Gemüsestreifen mischen. Minzblättchen fein schneiden und untermischen.

Tartelettes mit Butterfisch-Kartoffel-Creme

Für 4 Tartelettes

Teig
160 g Mehl (Type 550)
1 Messerspitze Backpulver
Salz, Zucker
80 g kalte Butter, in Würfeln
1 Ei (Kl. M), getrennt
2 EL natives Olivenöl

Füllung
2 Knoblauchzehen
1 Lorbeerblatt
400 ml Milch
200 g geräucherter Butterfisch
200 g Kartoffeln
60 g schwarze Oliven (mit Kern)
2 Tomaten (200 g)
6 Stiele glatte Petersilie
Salz, Pfeffer
4 EL natives Olivenöl
1–2 EL Zitronensaft
Cayennepfeffer

Außerdem
Backpapier und Hülsenfrüchte zum Blindbacken

Zubereitungszeit:
ca. 1 Std. 30 Min.

Zubereitung

Mehl, Backpulver, 1/2 Teelöffel Salz und 1 Prise Zucker mischen. Butter zwischen den Händen mit dem Mehl verreiben. Eigelb und Olivenöl kurz unterkneten. Teig flachgedrückt in Folie gewickelt 1 Stunde kalt stellen.

Inzwischen den Knoblauch mit Schale mit der breiten Seite eines großen Messers kräftig andrücken. Knoblauch, Lorbeer, Milch und Butterfisch in einem Topf bis kurz vor dem Kochen erhitzen, von der Kochstelle nehmen und zugedeckt 30 Minuten ziehen lassen. Kartoffeln schälen und zugedeckt in Salzwasser 20 Minuten kochen lassen.

Olivenfruchtfleisch vom Kern schneiden und würfeln. Tomaten quer halbieren, entkernen und das Fruchtfleisch fein würfeln. Petersilienblättchen abzupfen und hacken. Oliven, Tomaten und Petersilie mischen, salzen und pfeffern. Abgedeckt beiseitestellen.

Teig in 4 Portionen teilen, ausrollen, in die Formen geben und kalt stellen (siehe Seiten 4/5). Teig im 200 °C heißen Ofen auf dem Rost in der untersten Schiene 15 Minuten blindbacken. Papier entfernen. Teig mit verquirltem Eiweiß bestreichen und weitere 5 Minuten backen.

Butterfisch aus der Milch heben, häuten und mit 2 Gabeln zerpflücken. Gräten dabei entfernen. Kartoffeln abgießen und mit einer Gabel zerdrücken. Butterfisch und Öl unterarbeiten, eventuell etwas Milch zugeben. Mit Zitronensaft, Salz und Cayennepfeffer abschmecken. Auf die Tartelettes verteilen und weitere 5 Minuten backen. Mit den Tomaten-Oliven anrichten.

Tartelettes mit Räucherlachs und Erbsen

Zubereitung

Mehl, Backpulver, 1/2 Teelöffel Salz und 1 Prise Zucker mischen. Butter zwischen den Händen mit der Mehlmischung verreiben. Senf und Eigelb kurz unterkneten. Teig flachgedrückt in Folie gewickelt 1 Stunde kalt stellen.

Frühlingszwiebeln putzen, weißen und hellgrünen Teil in feine Ringe schneiden. Butter in einer großen Pfanne erhitzen. Frühlingszwiebeln darin bei mittlerer Hitze unter Rühren 4 bis 5 Minuten braten. Beiseitestellen. Erbsen in Salzwasser 3 Minuten sprudelnd kochen lassen, abschrecken und gut abtropfen lassen. Petersilienblättchen abzupfen. Erbsen, Petersilie, 2 Esslöffel Sahne und 1 Ei fein pürieren, salzen und pfeffern.

Teig in 4 Portionen teilen, ausrollen, in die Formen geben und kalt stellen (siehe Seiten 4/5). Teig im 200 °C heißen Ofen auf dem Rost in der untersten Schiene 15 Minuten blindbacken. Papier entfernen. Teig mit verquirltem Eiweiß bestreichen und weitere 5 Minuten backen.

Inzwischen den Lachs klein schneiden. Eigelb, Ricotta und 2 Esslöffel Sahne verrühren, salzen und pfeffern. Frühlingszwiebeln und Lachs auf die Tartelettes verteilen, Ricottamischung darüber geben. Erbsenmasse esslöffelweise fleckenartig darauf geben. Beides mit einem Hölzchen durchziehen, sodass ein Marmormuster entsteht. Tartelettes in der mittleren Schiene weitere 25 Minuten backen. Vor dem Servieren 10 Minuten abkühlen lassen.

Für 4 Tartelettes

Teig

160 g Mehl (Type 550)
1 Messerspitze Backpulver
Salz, Zucker
80 g kalte Butter, in Würfeln
4 TL scharfer Senf
1 Ei (Kl. M), getrennt

Füllung

4 schlanke Frühlingszwiebeln
1 EL Butter
100 g TK-Erbsen
1/2 Bund glatte Petersilie
4 EL Sahne
1 Ei + 1 Eigelb (Kl. M)
Salz, Pfeffer
100 g Räucherlachs
120 g Ricotta (oder Magerquark)

Außerdem

Backpapier und Hülsenfrüchte zum Blindbacken

Zubereitungszeit: ca. 1 Std. 15 Min. (plus Kühlzeiten)

Süße Tartelettes

Süßes geht immer! Das kleine Feingebäck wird auf jeder Kaffeetafel zum großen Star: Unter Baiserhauben verstecken sich saftige Kirschen, Orangen werden mit Weißweinsabayon gekrönt, Schokoladentartelettes wollen gleich warm verzehrt werden, und Tartelettekekse schmecken doppelt gut mit zweierlei Cremes.

Mandeltartelettes mit Erdbeeren und Holunderblütenmousse

Für 4 Tartelettes

Teig
140 g Mehl (Type 550)
1 Messerspitze Backpulver
40 g geröstete gemahlene Mandeln
80 g zimmerwarme Butter
30 g Puderzucker
Salz
1 Ei (Kl. M), getrennt

Füllung
2 gehäufte EL Erdbeerkonfitüre
3 Blatt weiße Gelatine
140 ml Holunderblütensirup
250 g Speisequark (20 % Fett)
120 g Sahne
2 EL Zucker
250 g kleine Erdbeeren
kandierte Veilchenblüten (nach Belieben)

Außerdem
Backpapier und Hülsenfrüchte zum Blindbacken

Zubereitungszeit: ca. 1 Std. 30 Min. (plus Kühlzeiten)

ZUBEREITUNG

Mehl, Backpulver und Mandeln mischen. Butter, Puderzucker und 1 Prise Salz mit den Knethaken des Handrührgeräts verkneten. Eigelb kurz unterarbeiten. Mit der Mehlmischung rasch zu einem glatten Teig verkneten. Teig flachgedrückt in Folie gewickelt 1 Stunde kalt stellen.

Teig in 4 Portionen teilen, ausrollen, in die Formen geben und kalt stellen (siehe Seiten 4/5). Teig im 200 °C heißen Ofen auf dem Rost in der untersten Schiene 15 Minuten blindbacken. Papier entfernen. Teig mit verquirltem Eiweiß bestreichen und weitere 5 Minuten backen.

Konfitüre erwärmen, auf die heißen Tartelettböden streichen und die Tartelettes auf einem Rost auskühlen lassen.

Gelatine 5 Minuten in kaltem Wasser einweichen. 120 Milliliter Sirup erwärmen (nicht kochen), von der Kochstelle nehmen und die ausgedrückte Gelatine darin unter Rühren auflösen. Quark unterrühren, Sahne mit dem Zucker steif schlagen und unter die Holunder-Quark-Creme heben. Creme in die Tartelettes verteilen. Tartelettes mindestens 2 Stunden kalt stellen.

Erdbeeren waschen, putzen und vierteln. Mit dem restlichen Holunderblütensirup mischen und auf die Tartelettes verteilen. Nach Belieben mit Veilchenblüten, eventuell gehackt, garnieren.

Das Foto zu diesem Rezept finden Sie auf Seite 40 rechts.

Kirschtartelettes mit Baiserhaube

Zubereitung

Mehl und Backpulver mischen. Butter, Zucker, Vanillezucker und 1 Prise Salz mit den Knethaken des Handrührers verkneten. Eigelb kurz unterarbeiten. Mit der Mehlmischung rasch zu einem glatten Teig verkneten. Teig flachgedrückt in Folie gewickelt 1 Stunde kalt stellen. Kirschen abtropfen lassen, Saft dabei auffangen.

Teig in 4 Portionen teilen, ausrollen, in die Formen geben und kalt stellen (siehe Seiten 4/5). Teig im 200 °C heißen Ofen auf dem Rost in der untersten Schiene 15 Minuten blindbacken. Papier entfernen. Teig mit verquirltem Eiweiß bestreichen und weitere 5 Minuten backen.

Inzwischen die Amarettini in einem Gefrierbeutel mithilfe einer Kuchenrolle fein zerkleinern. 200 Milliliter Kirschsaft aufkochen, Stärke mit dem Kirschwasser verrühren. In den kochenden Saft rühren und aufkochen lassen. Kirschen untermischen.

Erst die Keksbrösel, dann die Kirschen in den Förmchen verteilen. Tartelettes auf einem Rost beiseitestellen. Eiweiß steif schlagen, dabei den Zucker einrieseln lassen und so lange weiterschlagen, bis ein cremig-fester Eischnee entsteht. In einen Spritzbeutel mit großer Sterntülle füllen. Eischnee so auf die Tartelettes spritzen, dass die Kirschen ganz bedeckt sind. In der mittleren Schiene weitere 10 Minuten backen, bis der Eischnee leicht gebräunt ist. Vor dem Servieren 30 Minuten abkühlen lassen.

Das Foto zu diesem Rezept finden Sie auf Seite 40 links.

Für 4 Tartelettes

Teig

160 g Mehl (Type 550)
1 Messerspitze Backpulver
80 g zimmerwarme Butter
30 g Zucker
1 Päckchen Vanillezucker
Salz
1 Ei (Kl. M), getrennt

Füllung

2 Gläser Schattenmorellen (à 280 g Abtropfgewicht)
40 g Amarettini (italienische Mandelkekse)
2 TL Speisestärke
3 EL Kirschwasser (oder Kirschsaft)
2 Eiweiß (Kl. M)
60 g Zucker

Außerdem

Backpapier und Hülsenfrüchte zum Blindbacken

Zubereitungszeit: ca. 1 Std. (plus Kühlzeiten)

Beerentartelettes mit Teigrosen und Tonkabohnencreme

Für 4 Tartelettes

Teig

160 g Mehl (Type 550)
1 Messerspitze Backpulver
1 gestrichener TL Zimt
80 g zimmerwarme Butter
1 TL fein abgeriebene Biozitronenschale
40 g Puderzucker
Salz
1 Ei (Kl. M), getrennt

Füllung

1 Tonkabohne (aus dem Gewürzladen; alternativ: 1/2 Vanilleschote)
300 ml Milch
3 Eigelbe (Kl. M)
60 g Zucker
25 g Speisestärke
300 g TK-Beerenmischung
30 g Butter
2 Blätter Filo- oder Yufkateig (je 31 x 30 cm; siehe Seite 5)

Außerdem

Backpapier und Hülsenfrüchte zum Blindbacken

Zubereitungszeit: ca. 45 Min. (plus Kühlzeiten)

Zubereitung

1 Mehl, Backpulver und Zimt mischen. Butter, Zitronenschale, Puderzucker und 1 Prise Salz mit den Knethaken des Handrührers verkneten. Eigelb kurz unterarbeiten. Mit der Mehlmischung rasch zu einem glatten Teig verkneten. Teig flachgedrückt in Folie gewickelt 1 Stunde kalt stellen. Inzwischen die Tonkabohne vierteln. In der erhitzten Milch 30 Minuten auf der ausgeschalteten Kochstelle ziehen lassen.

2 Teig in 4 Portionen teilen, ausrollen, in die Formen geben und kalt stellen (siehe Seiten 4/5). Teig im 200 °C heißen Ofen auf dem Rost in der untersten Schiene 15 Minuten blindbacken. Papier entfernen. Teig mit verquirltem Eiweiß bestreichen und weitere 5 Minuten backen.

3 Eigelbe und Zucker mit den Quirlen des Handrührers 5 Minuten hellcremig aufschlagen. 20 Gramm Stärke sorgfältig unterrühren. Milch durch ein Sieb zugeben, unterrühren. Creme in einem Topf bei mittlerer Hitze unter Rühren langsam zum Kochen bringen. Beiseitegestellt abkühlen lassen.

4 Gefrorene Beeren und restliche Stärke mischen und auf die Tartelettes verteilen. Creme auf den Beeren verstreichen. In der mittleren Schiene weitere 15 Minuten backen.

5 Butter zerlassen. Teigblätter damit bestreichen, in ca. 3 Zentimeter breite Streifen schneiden, locker blütenartig aufrollen. Je 5 Blüten in die Creme drücken und weitere 5 Minuten backen.

Aprikosentartelettes mit Mandeln

Für 4 Tartelettes

Teig
160 g Mehl (Type 550)
1 Messerspitze Backpulver
80 g zimmerwarme Butter
15 g Zucker
Salz
1 EL getrocknete Lavendelblüten
1 Eigelb (Kl. M)

Füllung
700 g kleine reife Aprikosen
60 g Zucker
1 EL Mandelblättchen

Außerdem
Backpapier und Hülsenfrüchte zum Blindbacken

Zubereitungszeit: ca. 1 Std. (plus Kühlzeiten)

ZUBEREITUNG

1 Mehl und Backpulver mischen. Butter, Zucker, 1 Prise Salz und Lavendel mit den Knethaken des Handrührers verkneten. Eigelb kurz unterarbeiten. Mit der Mehlmischung rasch zu einem glatten Teig verkneten. Teig flachgedrückt in Folie gewickelt 1 Stunde kalt stellen.

2 Teig in 4 Portionen teilen, ausrollen, in die Formen geben und kalt stellen (siehe Seiten 4/5). Aprikosen waschen, halbieren und entkernen. Auf jedes Tartelette 4 Aprikosenhälften mit der Schnittfläche nach unten legen, je 2 weitere Aprikosenhälften halbieren und ebenso dazwischensetzen.

3 Im 200 °C heißen Ofen 30 Minuten backen. Restliche Aprikosen inzwischen klein schneiden, mit dem Zucker in einem kleinen Topf mischen und aufkochen. Offen bei geringer Hitze 5 Minuten kochen lassen, dabei öfter umrühren. Aprikosen pürieren und nach Belieben durch ein feines Sieb streichen.

4 Mandelblättchen in einer Pfanne ohne Fett goldbraun rösten, Pfanne dabei gelegentlich rütteln. Aprikosenpüree erwärmen. Heiße Tartelettes mit dem Aprikosenpüree bestreichen. Mandelblättchen darüberstreuen. Vor dem Servieren 20 Minuten abkühlen lassen oder kalt servieren.

Zitronencremetartelettes mit Feigen

Zubereitung

Mehl und Backpulver mischen. Butter, Puderzucker, Vanillezucker und 1 Prise Salz mit den Knethaken des Handrührgeräts verkneten. Eigelb kurz unterarbeiten. Mit der Mehlmischung rasch zu einem glatten Teig verkneten. Teig flachgedrückt in Folie gewickelt 1 Stunde kalt stellen.

Teig in 4 Portionen teilen, ausrollen, in die Formen geben und kalt stellen (siehe Seiten 4/5). Teig im 200 °C heißen Ofen auf dem Rost in der untersten Schiene 15 Minuten blindbacken. Papier entfernen. Teig mit verquirltem Eiweiß bestreichen und weitere 5 Minuten backen.

Inzwischen die Zitronen heiß waschen, trocknen und 1 gehäuften Teelöffel Schale fein abreiben. 6 Esslöffel Zitronensaft auspressen. Ei, Puderzucker und Zitronenschale verrühren, erst die Crème double, dann den Zitronensaft unterrühren. Masse kalt stellen. Feigen waschen, trocknen und in je 6 Spalten schneiden.

Ofenhitze auf 120 °C reduzieren. Zitronenmasse in die Tartelettes füllen, Feigenspalten vorsichtig hineinsetzen. Tartelettes auf dem Rost in der mittleren Schiene weitere 35 Minuten backen. Tartelettes auf einem Rost mindestens 1 Stunde abkühlen lassen, aber nicht kalt stellen. Vor dem Servieren nach Belieben mit Puderzucker bestäuben.

Außerhalb der Feigensaison die Tartelettes alternativ nach dem Abkühlen mit Erdbeerscheiben oder Heidelbeeren belegen.

Für 4 Tartelettes

Teig

160 g Mehl (Type 550)
1 Messerspitze Backpulver
80 g zimmerwarme Butter
30 g Puderzucker
1 Päckchen Vanillezucker
Salz
1 Ei (Kl. M), getrennt

Füllung

1–2 Biozitronen
1 Ei (Kl. M)
50 g Puderzucker
60 g Crème double
4 mittelgroße Feigen
Puderzucker zum Bestäuben (nach Belieben)

Außerdem

Backpapier und Hülsenfrüchte zum Blindbacken

Zubereitungszeit: ca. 1 Std. 15 Min. (plus Kühlzeiten)

Maracuja-Crème-brûlée-Tartelettes

Zubereitung

Mehl und Backpulver mischen. Butter, Zucker und 1 Prise Salz mit den Knethaken des Handrührgeräts verkneten. Eigelb kurz unterarbeiten. Mit der Mehlmischung rasch zu einem glatten Teig verkneten. Teig flachgedrückt in Folie gewickelt 1 Stunde kalt stellen.

Teig in 4 Portionen teilen, ausrollen, in die Formen geben und kalt stellen (siehe Seiten 4/5). Teig im 200 °C heißen Ofen auf dem Rost in der untersten Schiene 15 Minuten blindbacken. Papier entfernen. Teig mit verquirltem Eiweiß bestreichen und weitere 5 Minuten backen.

Inzwischen die Passionsfrüchte halbieren, Fruchtfleisch und Kerne herauskratzen. Durch ein feines Sieb streichen und mit Limettensaft auf 100 Milliliter auffüllen. Eier, Eigelb und Zucker verrühren, erst die Crème double, dann den Saft unterrühren. Masse durch ein Sieb geben und kalt stellen.

Ofenhitze auf 120 °C reduzieren. Maracujamasse in die Tartelettes füllen, in der mittleren Schiene weitere 35 Minuten backen. Tartelettes mindestens 2 Stunden abkühlen lassen, aber nicht kalt stellen. Kurz vor dem Servieren die Creme portionsweise mit je 1 Teelöffel braunem Zucker bestreuen und sofort goldbraun karamellisieren (siehe Tipp).

Tipp Zum Karamellisieren finden Sie im Küchenladen sogenannte Flambierbrenner. Es eignet sich aber auch eine Lötlampe aus dem Baumarkt. Den Zucker so lange erhitzen, bis er goldbraun ist.

Für 4 Tartelettes

Teig

160 g Mehl (Type 550)
1 Messerspitze Backpulver
80 g zimmerwarme Butter
50 g Zucker
Salz
1 Ei (Kl. M), getrennt

Füllung

4 reife Passionsfrüchte (Maracuja, à ca. 60 g)
4–5 EL Limettensaft
2 Eier + 1 Eigelb (Kl. M)
120 g Zucker
100 g Crème double
4 TL brauner Zucker

Außerdem

Backpapier und Hülsenfrüchte zum Blindbacken

Zubereitungszeit: ca. 1 Std. 15 Min. (plus Kühlzeiten)

Warme Schokoladentartelettes mit Macadamianüssen

Für 4 Tartelettes

Teig

160 g Mehl (Type 550)
1 Messerspitze Backpulver
1 TL lösliches Espressopulver
80 g zimmerwarme Butter
40 g Puderzucker
Salz
1 Ei (Kl. M), getrennt

Füllung

80 g Macadamianusskerne (geröstet und gesalzen)
150 g Bitterschokolade
3 EL Sahne
1 EL Weinbrand
2 Eier (Kl. M)
40 g Zucker
Puderzucker zum Bestäuben

Außerdem

Backpapier und Hülsenfrüchte zum Blindbacken

Zubereitungszeit: ca. 45 Min. (plus Kühlzeiten)

Zubereitung

1 Mehl, Backpulver und Espressopulver mischen. Butter, Zucker und 1 Prise Salz mit den Knethaken des Handrührers verkneten. Eigelb kurz unterarbeiten. Mit der Mehlmischung rasch zu einem glatten Teig verkneten. Teig flachgedrückt in Folie gewickelt 1 Stunde kalt stellen.

2 Teig in 4 Portionen teilen, ausrollen, in die Formen geben und kalt stellen (siehe Seiten 4/5). Teig im 200 °C heißen Ofen auf dem Rost in der untersten Schiene 15 Minuten blindbacken. Papier entfernen. Teig mit verquirltem Eiweiß bestreichen und weitere 5 Minuten backen.

3 Inzwischen etwa 1/3 der Macadamianüsse grob hacken, restliche Nüsse fein hacken. Schokolade in Stücke brechen und mit Sahne und Weinbrand in einer Schüssel über einem warmen Wasserbad schmelzen, dabei gelegentlich umrühren. Eier und Zucker mit den Quirlen des Handrührers 5 Minuten hellcremig aufschlagen. Schokoladenmischung nach und nach unterrühren, fein gehackte Macadamianüsse untermischen.

4 Schokoladenmischung auf die Tartelettes verteilen und mit grob gehackten Macadamianüssen bestreuen. In der mittleren Schiene 10 bis 12 Minuten backen, die Schokolade soll innen noch weich sein. Tartelettes sofort auf Teller setzen und mit Puderzucker bestäuben.

Tipp Nach Belieben mit Vanilleeis servieren.

Apfel-Marzipan-Tartelettes mit Pistazien

Für 4 Tartelettes

Teig

1/2 Vanilleschote
150 g Mehl (Type 550)
1 Messerspitze Backpulver
80 g Butter, in Würfeln
50 g Puderzucker
Salz
1 Eigelb (Kl. M)

Füllung

150 g Marzipanrohmasse
2 mittelgroße säuerliche Äpfel
2 EL Zitronensaft
60 g Apfelgelee
25 g gehackte Pistazienkerne

Außerdem

Mehl zum Bearbeiten
Backpapier

Zubereitungszeit: ca. 45 Min. (plus Kühlzeiten)

Zubereitung

Vanilleschote längs aufschlitzen und das Mark herauskratzen. Mehl und Backpulver mischen. Butter, Zucker, 1 Prise Salz und Vanillemark mit den Knethaken des Handrührers verkneten. Eigelb kurz unterarbeiten. Mit der Mehlmischung rasch zu einem glatten Teig verkneten. Teig flachgedrückt in Folie gewickelt 1 Stunde kalt stellen.

Marzipanrohmasse zwischen Backpapier zu einem Quadrat (ca. 25 x 25 Zentimeter) ausrollen. Teig auf der leicht bemehlten Arbeitsfläche ebenso groß ausrollen. Oberes Papier vom Marzipan ziehen, Teig auf das Marzipan legen und leicht andrücken. Mit den Tarteletteförmchen 4 Tartelettéböden ausstechen und mit dem Marzipan nach oben in die Förmchen legen. Teig 15 Minuten kalt stellen.

Inzwischen Äpfel schälen, vierteln und vom Kerngehäuse befreien. Viertel quer in 1/2 Zentimeter dünne Scheiben schneiden und sofort mit dem Zitronensaft beträufeln. Marzipan dachziegelartig mit Apfelscheiben belegen.

Tartelettes im 200 °C heißen Ofen auf dem Rost in der mittleren Schiene 20 Minuten backen. Inzwischen das Apfelgelee bei geringer Hitze auflösen. Heiße Tartelettes sofort mit Apfelgelee glasieren und mit Pistazienkernen garnieren. Tartelettes auf einem Rost abkühlen lassen.

Kokos-Limetten-Tartelettes

Zubereitung

Zwieback im Blitzhacker sehr fein zerkleinern. Fett zerlassen und mit den Bröseln verkneten. In 4 Portionen teilen und in die Tartelette-formen drücken, dabei einen Rand formen. Teig 15 Minuten kalt stellen.

Inzwischen die Limetten heiß waschen, trocknen und 2 Teelöffel Schale fein abreiben. 120 Milliliter Limettensaft auspressen. Mit Limettenschale, Kondensmilch, Eigelben, 30 Gramm Zucker und 1 Prise Salz verrühren. Masse in die vorbereiteten Tartelettes füllen. Im 180 °C heißen Ofen auf dem Rost in der mittleren Schiene 25 Minuten backen.

Eiweiß inzwischen steif schlagen, dabei 60 Gramm Zucker einrieseln lassen und 3 bis 4 Minuten weiterschlagen, bis ein cremig-fester Eischnee entsteht.

Tartelettes auf ein Backblech setzen. Baisermasse auf die Tartelettes geben und mit einem Löffelrücken wolkenförmig verstreichen. Im Ofen in der untersten Schiene bei 250 °C 2 bis 3 Minuten goldbraun werden lassen, dabei ständig beobachten, damit das Baiser nicht verbrennt. Tartelettes auf einem Rost abkühlen lassen.

Wer keine gesüßte Kondensmilch bekommt, kann sie ersetzen: 150 Milliliter Kondensmilch (10 % Fett) mit 180 Gramm Zucker unter Rühren erwärmen, bis sich der Zucker aufgelöst hat. Abkühlen lassen.

Für 4 Tartelettes

Teig

200 g Kokoszwieback

100 g Butter oder Margarine

Füllung

4 Biolimetten

300 g gesüßte Kondensmilch (z. B. Milchmädchen)

3 Eigelbe (Kl. M)

90 g Zucker

Salz

2 Eiweiß (Kl. M)

Zubereitungszeit: ca. 45 Min. (plus Kühlzeiten)

Johannisbeertartelettes mit Amarettinistreuseln

Zubereitung

150 Gramm Mehl und Backpulver mischen. 75 Gramm Butter, 50 Gramm Zucker und 1 Prise Salz mit den Knethaken des Handrührers verkneten. Eigelb kurz unterarbeiten. Mit der Mehlmischung rasch zu einem glatten Teig verkneten. Teig flachgedrückt in Folie gewickelt 1 Stunde kalt stellen.

Johannisbeeren waschen und von den Rispen streifen. Beeren auf Küchenpapier abtropfen lassen. Amarettini in einem Gefrierbeutel mithilfe einer Kuchenrolle fein zerbröseln. Hälfte der Brösel, 70 Gramm Mehl und 30 Gramm Zucker mischen, 75 Gramm Butter zugeben, mit den Händen zu Streuseln verkneten und kalt stellen.

Teig in 4 Portionen teilen, ausrollen, in die Formen geben und kalt stellen (siehe Seiten 4/5). Restliche Amarettinibrösel in den Förmchen verteilen. Johannisbeeren darauf geben und mit dem restlichen Zucker bestreuen. Streusel darauf geben.

Im 200 °C heißen Ofen auf dem Rost in der untersten Schiene 30 Minuten backen. Tartelettes auf einem Rost 15 Minuten abkühlen lassen und mit dem Eis anrichten.

Die Johannisbeeren können Sie durch Rhabarber ersetzen: 350 Gramm Rhabarber putzen und in 1 Zentimeter dicke Stücke schneiden. Auf die Brösel geben und mit 40 Gramm Zucker bestreuen. Wie oben weiterverfahren.

Für 4 Tartelettes

Teig und Streusel
- 220 g Mehl (Type 550)
- 1 Messerspitze Backpulver
- 150 g Joghurtbutter
- 90 g Zucker
- Salz
- 1 Eigelb (Kl. M)
- 80 g Amarettini (italienische Mandelkekse)

Füllung
- 300 g Schwarze Johannisbeeren

Außerdem
- 4 Kugeln Vanilleeis

Zubereitungszeit: ca. 1 Std. 15 Min. (plus Kühlzeiten)

Orangentartelettes mit Weißweinsabayon

Für 4 Tartelettes

Teig
160 g Mehl (Type 550)
1 Messerspitze Backpulver
80 g zimmerwarme Butter
30 g Zucker
Salz
1 TL fein abgeriebene Bioorangenschale
1 Ei (Kl. M), getrennt

Füllung
6–7 mittelgroße Orangen
20 g Pinienkerne
60 g bittere Orangenmarmelade
1 EL Orangenlikör (nach Belieben)

Sabayon
1 Ei + 1 Eigelb (Kl. M)
2 EL Zucker
1 EL Zitronensaft
8 EL Weißwein

Außerdem
Backpapier und Hülsenfrüchte zum Blindbacken

Zubereitungszeit: ca. 1 Std. 20 Min. (plus Kühlzeiten)

ZUBEREITUNG

1 Mehl und Backpulver mischen. Butter, Zucker, 1 Prise Salz und Orangenschale mit den Knethaken des Handrührgeräts verkneten. Eigelb kurz unterarbeiten. Mit der Mehlmischung rasch zu einem glatten Teig verkneten. Teig flachgedrückt in Folie gewickelt 1 Stunde kalt stellen.

2 Teig in 4 Portionen teilen, ausrollen, in die Formen geben und kalt stellen (siehe Seiten 4/5). Teig im 200 °C heißen Ofen auf dem Rost in der untersten Schiene 15 Minuten blindbacken. Papier entfernen. Teig mit verquirltem Eiweiß bestreichen und weitere 5 Minuten backen.

3 Inzwischen die Orangen so schälen, dass die weiße Haut mit entfernt wird. Orangenfilets zwischen den Trennhäuten herausschneiden. Pinienkerne in einer Pfanne ohne Fett unter Rühren goldbraun rösten, beiseitestellen. Marmelade unter Rühren erwärmen, Orangenlikör unterrühren und eventuell durch ein feines Sieb streichen.

4 Orangenfilets dachziegelartig auf die Tartelettes legen, mit der Marmelade glasieren und mit Pinienkernen bestreuen. Tartelettes auf einem Rost beiseitestellen. Für den Sabayon Ei, Eigelb, Zucker, Zitronensaft und Wein in einer Metallschüssel über einem heißen (nicht kochenden!) Wasserbad mit den Quirlen des Handrührers dickcremig aufschlagen. Sofort zu den Tartelettes servieren.

Tipp Ersetzen Sie im Winter die Orangen durch Blutorangen.

Schokoladentartelettes nach Linzer Art

Zubereitung

Schokolade fein reiben oder im Blitzhacker fein zerkleinern. Mehl, Backpulver, Nüsse, Zimt und Nelken mischen. Butter, Zucker, Vanillezucker und 1 Prise Salz mit den Knethaken des Handrührers verkneten. Eigelb kurz unterarbeiten. Mit der Mehlmischung rasch zu einem glatten Teig verkneten. Teig flachgedrückt in Folie gewickelt 1 Stunde kalt stellen.

Teig in 5 Portionen teilen. 4 Portionen ausrollen, in die Formen geben und kalt stellen (siehe Seiten 4/5). Teigreste und die 5. Teigportion kurz zusammenkneten und zwischen Backpapier 3 Millimeter dick ausrollen. Mit dem Papier auf einem Teller o. Ä. 15 Minuten tiefkühlen.

Konfitüre und Cassis verrühren und auf die Teigböden streichen. Aus dem gekühlten Teig kleine Sterne oder Herzen ausstechen. Auf die Tartelettes legen und mit verquirltem Eiweiß bestreichen. Im 180 °C heißen Ofen auf dem Rost in der mittleren Schiene 25 Minuten goldbraun backen. Tartelettes auf einem Rost abkühlen lassen. Nach Belieben mit geschlagener Sahne servieren.

Tipp Die Konfitüre können Sie durch Ihre Lieblingssorte ersetzen. Besonders gut passen Waldfruchtkonfitüre, Himbeergelee oder Orangenmarmelade.

Für 4 Tartelettes

Teig

30 g Bitterschokolade
130 g Mehl (Type 550)
2 Messerspitzen Backpulver
80 g geröstete gemahlene Haselnüsse (oder Mandeln)
1/2 TL Zimt
1 Prise gemahlene Nelken
80 g zimmerwarme Butter
80 g Zucker
1 Päckchen Vanillezucker
Salz
1 Ei (Kl. M), getrennt

Füllung

100 g Schwarze Johannisbeerkonfitüre
1 EL Crème de Cassis (nach Belieben)

Außerdem

geschlagene Sahne (nach Belieben)

Zubereitungszeit: ca. 45 Min. (plus Kühlzeiten)

Knusprige Tartelettekekse mit zweierlei Cremes

Für 12 Tartelettekekse

Teig
200 g zimmerwarme Butter
100 g Puderzucker
Salz
1 Eigelb (Kl. M)
300 g Dinkelmehl (Type 630)
2 EL Zucker
1 TL Zimt

Orangencreme
1 Bioorange
200 g Doppelrahmfrischkäse
1 EL Puderzucker

Schokoladencreme
150 g Doppelrahmfrischkäse
2 EL Milch
100 g Nuss-Nougat-Creme

Außerdem
Mehl zum Bearbeiten
Backpapier
250 g Heidelbeeren
200 g Himbeeren
Puderzucker zum Bestäuben

Zubereitungszeit: ca. 40 Min. (plus Kühlzeiten)

Zubereitung

1 Butter, Puderzucker und 1 Prise Salz mit den Knethaken des Handrührers verkneten. Eigelb kurz unterarbeiten. Mit dem Mehl rasch zu einem glatten Teig verkneten. Teig in 2 Portionen teilen, flachgedrückt und in Folie gewickelt 2 Stunden kalt stellen. Zucker und Zimt mischen.

2 Für die Orangencreme Orange heiß waschen und 1/2 Teelöffel Schale fein abreiben, 5 Esslöffel Orangensaft auspressen. Frischkäse glattrühren, 1 Esslöffel Puderzucker, Orangenschale und -saft unterrühren. Für die Schokocreme Frischkäse, Milch und Nuss-Nougat-Creme glatt rühren. Beide Cremes kalt stellen. Heidelbeeren und Himbeeren verlesen, eventuell waschen und trockentupfen.

3 Teig portionsweise auf der leicht bemehlten Arbeitsfläche 4 Millimeter dick ausrollen. Mit einem Tarteletteförmchen insgesamt 12 Tartelettekekse ausstechen und auf mit Backpapier ausgelegte Bleche legen. Oberflächen mit einer Gabel mehrfach einstechen und mit Zimt-Zucker bestreuen. Tartelettekekse nacheinander im 200 °C heißen Ofen in der mittleren Schiene 10 bis 12 Minuten goldbraun backen. Erst auf dem Blech 5 Minuten abkühlen, dann auf einem Rost auskühlen lassen.

4 Je 6 Kekse mit Orangen- und Schokocreme bestreichen, mit Heidelbeeren bzw. Himbeeren belegen. Mit Puderzucker bestäubt servieren.

Tipp Tartelettekekse sind prima zum Mitnehmen: Sie werden aus den gut verpackten Bestandteilen erst vor Ort zusammengesetzt.

Tartelettes mit weißer Schokoladencreme und Himbeeren

Für 4 Tartelettes

Teig

140 g Mehl (Type 550)
1 Messerspitze Backpulver
1 EL Kakaopulver
80 g zimmerwarme Butter
30 g Puderzucker
Salz
1 Ei (Kl. M), getrennt

Füllung

150 g weiße Kuvertüre
125 g Sahne
25 g Butter
250 g Himbeeren
80 g Himbeergelee
Pfefferminze zum Garnieren (nach Belieben)

Außerdem

Backpapier und Hülsenfrüchte zum Blindbacken

Zubereitungszeit: ca. 45 Min. (plus Kühlzeiten)

Zubereitung

1 Mehl, Backpulver und Kakao mischen. Butter, Puderzucker und 1 Prise Salz mit den Knethaken des Handrührers verkneten. Eigelb kurz unterarbeiten. Mit der Mehlmischung rasch zu einem glatten Teig verkneten. Teig flachgedrückt in Folie gewickelt 1 Stunde kalt stellen.

2 Teig in 4 Portionen teilen, ausrollen, in die Formen geben und kalt stellen (siehe Seiten 4/5). Teig im 200 °C heißen Ofen auf dem Rost in der untersten Schiene 15 Minuten blindbacken. Papier entfernen. Teig mit verquirltem Eiweiß bestreichen und weitere 5 Minuten backen. Tartelettes auf einem Rost abkühlen lassen.

3 Kuvertüre fein hacken und in eine Schüssel geben. Sahne und Butter aufkochen und über die Kuvertüre geben. Ohne zu rühren 3 Minuten stehen lassen, dann zu einer glatten Creme verrühren. Schokoladencreme gleichmäßig auf die Tartelettes verteilen und mindestens 1 Stunde kalt stellen.

4 Himbeeren verlesen und auf den Tartelettes verteilen. Gelee und 1 Esslöffel Wasser unter Rühren erwärmen. Vorsichtig auf die Himbeeren geben. Nach Belieben mit Minzblättchen garnieren.

Das Foto zu diesem Rezept finden Sie auf dem Cover rechts.

Rezeptregister

Über dieses Buch

Redaktionsleitung
Susanne Kirstein

Projektleitung
Eva Wagner

Gesamtproducing
v*büro – Jan-Dirk Hansen, München

Redaktion
Nicola von Otto, Text & Form

Bildredaktion
Annette Mayer

Korrektorat
Dr. Ulrike Kretschmer

Umschlaggestaltung und Verpackungsdesign
Norbert Pautner, Berlin

Litho Artilitho, Lavis (Trento)

Druck und Verarbeitung
Anpak Printing Ltd., Hongkong

Printed in China

ISBN 978-3-517-08588-3

9817 2635 4453 6271

Über den Autor

Kay-Henner Menge ist Diplom-Oecotrophologe und hat sein Hobby Kochen zum Beruf gemacht. Er arbeitet als kochender Redakteur und Foodstylist in der Versuchsküche des Magazins »essen & trinken« aus dem Verlagshaus Gruner + Jahr. Daneben schreibt er Kochbücher zu unterschiedlichen Themen. Seine Begeisterung für Pikantes und Süßes aus dem Ofen hat er in den Tarteletterezepten für dieses Buch umgesetzt.

Hinweis

Die Ratschläge/Informationen in diesem Buch sind von Autor und Verlag sorgfältig erwogen und geprüft, dennoch kann eine Garantie nicht übernommen werden. Eine Haftung des Autors bzw. des Verlags und seiner Beauftragten für Personen-, Sach- und Vermögensschäden ist ausgeschlossen.

Impressum

© 2010 by Südwest Verlag, einem Unternehmen der Verlagsgruppe Random House GmbH, 81637 München.
Die Verwertung der Texte und Bilder, auch auszugsweise, ist ohne Zustimmung des Verlags urheberrechtswidrig und strafbar. Dies gilt auch für Vervielfältigungen, Übersetzungen, Mikroverfilmung und für die Verarbeitung mit elektronischen Systemen.

Bildnachweis

Fotos: Julia Hoersch, Hamburg
Foodstyling: Susanne Walter, Hamburg
Requisite: Miriam Geyer, Hamburg

Mein Ratgeberportal – villavitalia.de